0

zero

sıfır

10

ten

on

20

twenty

yirmi

30

thirty

otuz

40

forty

kırk

50

fifty

elli

60

sixty

altmış

70

seventy

yetmiş

80

eigthy

seksen

90

ninety

doksan

100

one hundred

yüz

1000

one thousand

bin

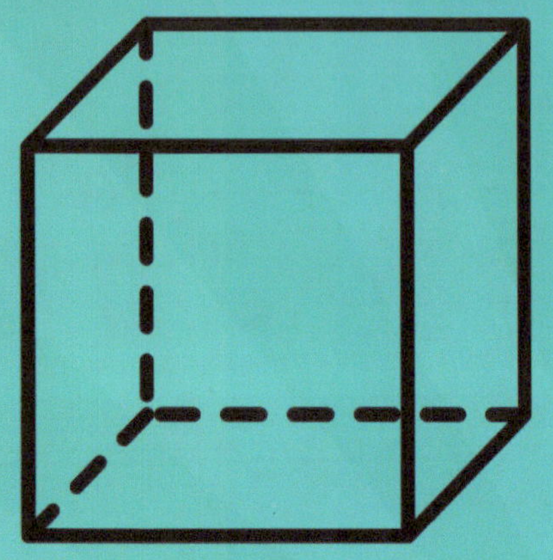

cube

küp

block

blok

ice cube

buz küpü

caramel

karamel

sugar

şeker

dice

zarlar

gift box

hediye kutusu

cardboard box

karton kutu

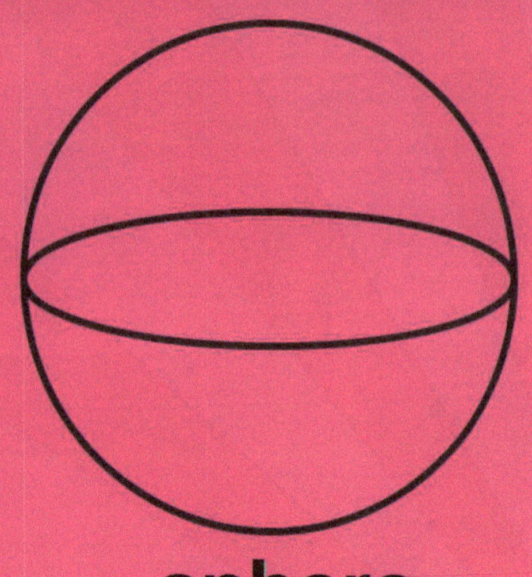

sphere

küre

ice cream scoop

dondurma topu

pearl

inci

bubble

baloncuk

marbles

misketler

planet

gezegen

snowball

kartopu

tennis ball

tenis topu

cylinder

silindir

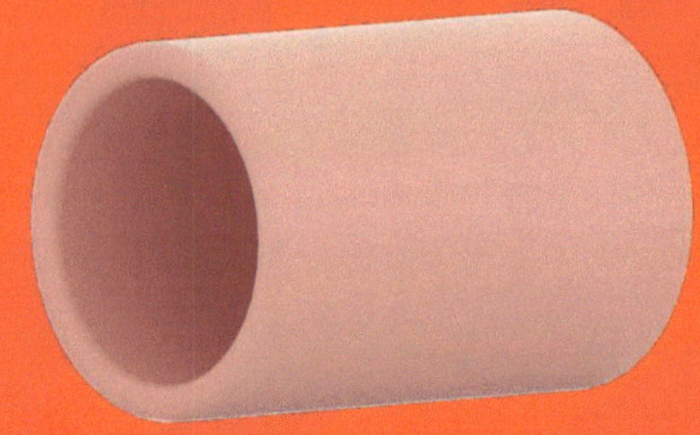

tube

tüp

batteries

piller

thread spool

iplik makarası

cinnamon

tarçın

rolling pin

oklava

sausage

sosis

hay bale

saman balyası

cone

koni

road cone

trafik konisi

ice cream cone

dondurma külahı

witch hat

cadı şapkası

dungeon

zindan

fir tree

köknar ağacı

party hat

parti şapkası

snail

salyangoz

blackberry

böğürtlen

currant

frenk üzümü

clementine

klemantin mandalina

durian

durian meyvesi

dragon fruit

ejder meyvesi

jackfruit

jak meyvesi

star fruit

yıldız meyvesi

asparagus

kuşkonmaz

radish

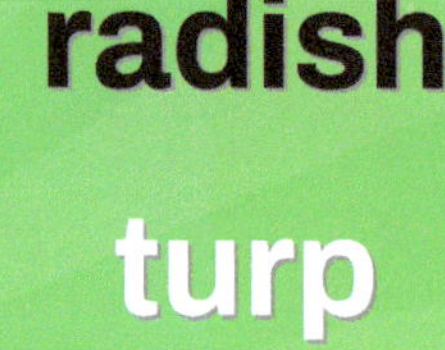

turp

red bean

kırmızı fasulye

turnip

şalgam

cassava

manyok

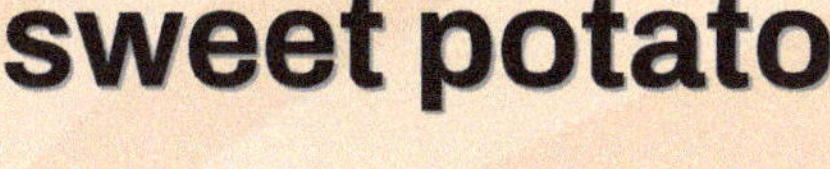

sweet potato

tatlı patates

chickpeas

nohut

eagle

kartal

bat

yarasa

beaver

kunduz

flamingo

flamingo

raven

kuzgun

blackbird

karatavuk

blue tit

mavi baştankara

magpie

saksağan

swallow bird

kırlangıç kuşu

lark

tarla kuşu

parakeet

muhabbet kuşu

woodpecker

ağaçkakan

peacock

tavuskuşu

parrot

papağan

toucan

tukan

stork

leylek

coral

mercan

sea anemone

deniz anemonu

sea urchin

denizkestanesi

seahorse

denizatı

clownfish

palyaço balığı

goldfish

Japon balığı

crab

yengeç

hermit crab

münzevi yengeç

dolphin

yunus

narwhal

denizgergedanı

octopus

ahtapot

squid

kalamar

whale shark

balina köpek balığı

orca

katil balina

blue whale

mavi balina

beluga whale

beyaz balina

hammerhead shark

çekiç kafalı köpekbalığı

white shark

beyaz köpek balığı

lemon shark

limon köpek balığı

tiger shark

kaplan köpek balığı

grasshopper

çekirge

caterpillar

tırtıl

scorpion

akrep

lizard

kertenkele

dinosaurs

dinozorlar

black hair

siyah saç

ginger hair

kızıl saç

brown hair

kahverengi saç

blond hair

sarı saç

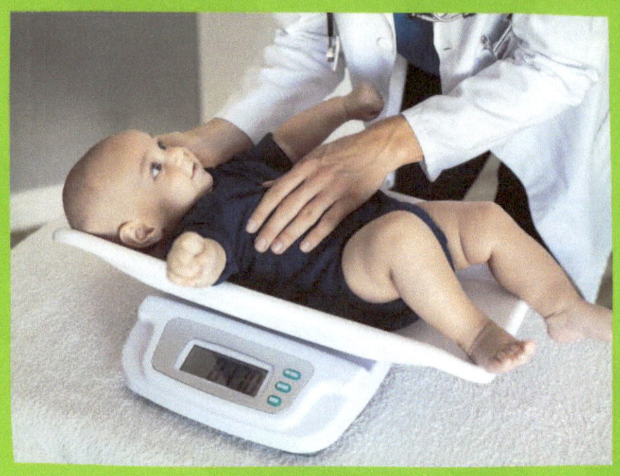

scale

ölçek

hospital

hastane

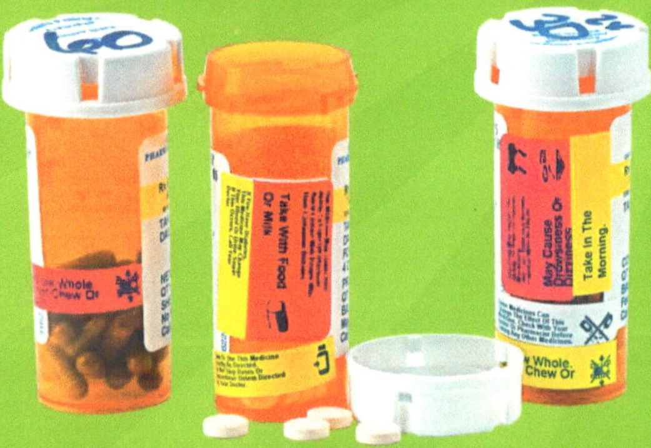

medicine

ilaç

thermometer

termometre

bandage

sargı

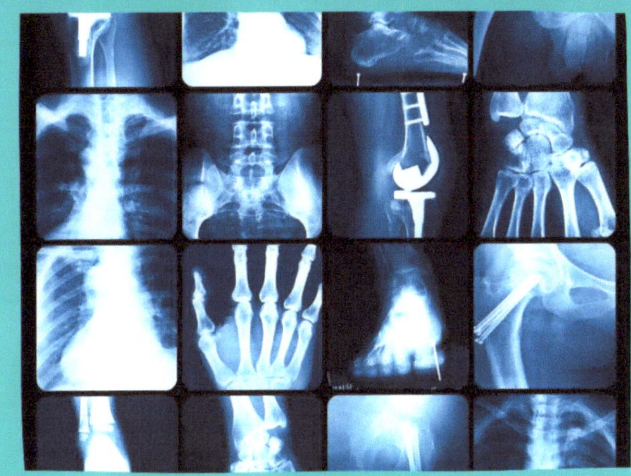

x-ray

röntgen

doctor

doktor

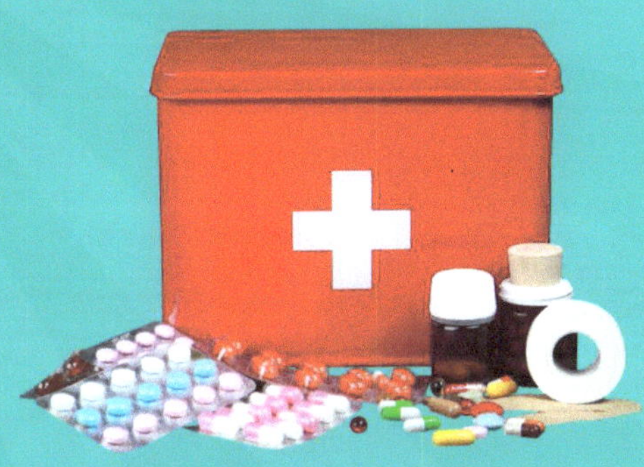

first aid kit

ilk yardım çantası

play

oynamak

draw

çizmek

count

saymak

write

yazmak

dancing

dans

swimming

yüzme

skiing

kayak yapmak

basketball

basketbol

tennis

tenis

ping pong

masa tenisi

soccer

futbol

horse riding

binicilik

ice hockey

buz hokeyi

judo

judo

boxing

boks

running

koşu

baseball

beyzbol

cricket

kriket

rugby

ragbi

volleyball

voleybol

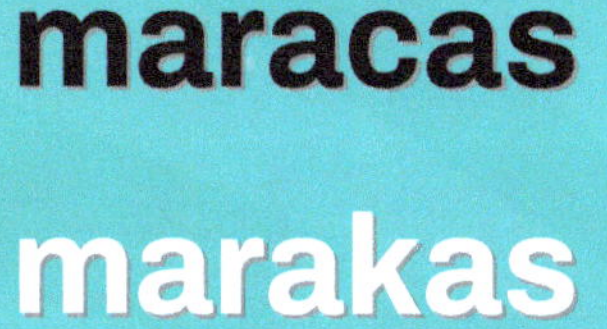

maracas

marakas

tambourine

tef

xylophone

ksilofon

violin

keman

piano

piyano

guitar

gitar

cello

çello

harp

arp

drum

davul

djembe

djembe

drum kit

bateri seti

trumpet

trompet

horn

korno

saxophone

saksafon

flute

flüt

headphone

kulaklık

sing

şarkı söylemek

sheet music

nota

microphone

mikrofon

www.ingramcontent.com/pod-product-compliance
Lightning Source LLC
LaVergne TN
LVHW071211160826
845679LV00003B/802
* 9 7 8 2 3 8 4 5 7 0 3 4 8 *